하룻밤의 춤

하룻밤의 춤   이든시인선 149

이형자 시집

이든북

머리말

먹서리처럼 입을 옆으로 찢고
세상 태어난 날 누구라도 빈손이었습니다

다만 하늘이 지혜의 은사를 주셨던지
글로 여백의 미를 채워 보았습니다

재산도 권력도 큰 명예도
탐을 낸다고 가져지는 것도 아닌 것
성실하게 살아가다 경험으로 터득한 약속의 도구일 뿐

언제나 '지혜와 명철' 기도 제목이기도 합니다
기도는 너와 나 경쟁의 대상은 아닙니다
부활로 하늘에 살아계신 그 님과의 소통입니다

시로 세상을 밝게 비춰 맑아지도록 돕고
부족하지만 허락해 주신 은사대로
굳은 심지만큼 시의 집을 지었습니다
다 함께 살아가는 발판이었으면 하고 생각해 보았습니다

2024년 11월

| 차 례 |

머리말 5

제1부

하룻밤의 춤 13
대밭의 함성 14
바람 연주단 15
민어의 부레처럼 16
장미꽃 묵언 18
진초록 편지를 부치고 싶은 날 20
복수초 21
자판기의 심장 22
보름달 문어 도사 24
그림자 25
시의 생식기 26
돈의 눈 28
가오리찜을 먹으며 30
시간이 31

제2부

강물　35
오이 배꼽선　36
암탉의 일가　38
보라　40
자줏빛 점박이 노랑나비　42
훼 훼 훼　44
배통냥　46
개구리가 우는 이유　47
열무 장터의 아침　48
나무가 나이테를 그리는 이유　50
수줍은 눈길　52
소리의 집　54
골담초꽃·2　55
영산홍의 가슴　56

제3부

뗏창 59
백합 60
? 62
용량 깡패 64
수돗가에서 복어를 씻다가 66
봄 67
실버들 68
봄비 · 3 69
꽃씨의 노래 70
겨울 장미 71
소한 개나리 72
들풀 73
겨울 산수유 74
환생 75

제4부

가을과 노인　79
호박의 미소　80
사랑는 언제 어디서나 함께　82
굴뚝새 비행 연습·1　84
그 골목에도 첫눈이 내리겠지요　86
아직도 끝나지 않은 눈물　87
돌탑　88
제 산 대로 섰다 가더라　90
내소사 단풍　92
멍게 꽃　93
허기　94
이름　95
부고장　96
암 수의 차이　98

제5부

창가 소묘　101
관계의 덫　102
들판의 기도문　104
촛대바위　106
눈알도 대가리 고맙다　108
적막한 한낮　109
수박　110
사이 피와 살　111
따끈따끈 따끈이　112
후박나무에 밤비 떨어지는 소리　114
덤　116
헛기침 저 남자　118
존재 이유　120
성장통　121

제1부

하룻밤의 춤

오월 논둑길 발작 내려 자작한 논바닥 고향이었던가
하루살이 하룻밤의 춤은 시작되었다
앞뜰 논바닥 아침 일찍 부화
점심때 사춘기를 지나고 눈빛 바쁜
오후에 짝을 만난 캄캄한 저녁
"나는 불빛이 필요해"
조용한 밤의 결혼식 자동차 불빛 춤은 시작되었다
바쁜 이 지나는 얼굴을 찰싹 황홀하기도
자정 무렵부터 촉촉한 풀숲 어디
두근대는 연분홍 가슴 새끼를 쳤고
새벽이 오자 지쳐 헤진 날개 흔적 없다
바람의 길잡이 따라 어디론가 또 쓸려 갈지언정
번뜩이는 생의 춤 단 한 순간도 박수 아낀 적 없다

대밭의 함성

얼마나 길고 깊은 캄캄한 땅에
발부리 묻고 세상을 넘보았을까
오육 년을 길들여 단 한 번
허락받아 올린 마디마디
유월 밤꽃 피는 어느 봄날
밤비의 속삭임처럼
파란 눈 쳐들고 대밭 한가운데
가슴 분탕질은 시작되었다
저 여자의 눈에 띄면
그냥 지나칠 리 없잖은가
단번에 하늘 길 꿰차야 될 일이다
깐깐한 성질
까만 밤 부지불숙간 높이 뛰어 올랐다
어느 누구도 손 댈 수 없도록
텅 빈 몸속 봄바람 소리 불러 모은 건
너무도 자명한 순서였다
절체절명 대순 치솟는 밤은
어느 선비의 시리고 저린 숨결인가

바람 연주단

흔들흔들 살랑대는 접시꽃
초여름부터 밤낮으로 이상하더니
골목길 안쪽 쿵짝쿵짝 쿵자자짝
조율하기 시작했다는 바람의 귀엣말

한동안 잊은 줄 알았던 빨강 하얀 꽃잎
재개발 지정 어둠침침 늘어진 탯줄에
높고 낮은 음계로 무대 차려 놓았단다

노란 조끼 청소부 아저씨 비질에도
다시 돌아오는 달달한 햇살
도 미 솔, 도 시 라 솔
기우뚱 기울었던 골목길이 다시 술렁인다

아주 떠날 줄 알았던 바람이 머리 흔들며
연주하다 놓고 간 제목 '한낮 골목길'
둘째 줄 셋째 마디 되돌이표 접시꽃 악보

민어의 부레처럼

저 완도 앞 바다 속 깊은 바위 밑에
근거지를 두고 사는 민어
이름답게 물고기 중의 왕이라 했다
파도치는 날 바위에 머리를 수없이 박고
수압을 견디기 위해
부레에 기름을 가득 채운다 했다

진미 중의 진미라 쫀득쫀득
맛도 좋다지만 부레를 따로 꺼내
맑고 순전한 쇠그릇에 담아 불에 끓이면
투명한 아교가 된다 했다

허리 구부린 활의 중요 요소요소에
세상을 밝혀 적는 붓촉
족제비 털과 붓 대롱 아구리
맞물려 끼어 붙여 굳으면 붓이 완성 되는데
신비한 시어를 지어 적고
애틋한 소식을 전하기도 했다

안방 고가구 자개 장식 흠집 없이
마주 붙이는 고급 자재 접착제로
일상의 가장 매끄럽게 아름다운의 맏배라 했다

깊은 곳 내 은거할 바위는 있는가
세상을 이롭게 하는 부레는 지녔는지
하여 차후라도
멀리멀리 등촉이 될 수 있을까

장미꽃 묵언

유월 초 어느 날
명운을 다한 넝쿨장미 꽃잎
담 밑에도 명당이 있는가
이리저리 누울 자리를 찾아 구르고 있다

일찍 눈뜬 텃새 두세 마리가
햇살 그을리고 달빛에 젖어
바람에 떨어진 장미꽃잎을
종신하고 있는지
쪼다 말다 눈을 껌벅이다 말다
또 쪼고 있다

어제 간 사람 오늘이 그리워
연도로 손에 쥔 묵주
스르르 이승을 놓아버린 붉은 노래

떨어져 바람에 쏠리는 꽃잎 뒤로
하루가 다르게 푸르르 살 오른 감도
후박나무도 호두나무까지도

오늘만은 어쩌지 못하고
나뭇가지마다 요령잡이 흔드는가

진초록 편지를 부치고 싶은 날

그냥 그대로 자기를 지우고
하늘 아래 앞자락 매여 두고
오지랖 넓으면 넓은 대로
좁은 만큼 오종종하게 얼크러진 성품 그대로
나요! 나요! 만 것 사랑하여 내주고
이유도 미련도 없이 짙푸르고 싶다

잘난 놈 못난 놈
키 큰 놈 키 작은놈
5월은 한통속으로 어우렁더우렁 짙푸르다
밤새워 바스락대던 빗물방울도 푸르렀던 게야
햇살까지 푸른색 얼굴로 어우러지다
개울가 혼자 뒤늦은 때죽나무
유난히 하얀 꽃잎 어줍어 물길 향해 감춘
나뭇가지 사이로 텃새 몇 마리
파랑파랑 날고 있다

이렇게 짙푸른 날은
누구엔가 편지를 부치고 싶다

복수초

금산군 복수면 외진 산길을 걷는다
삼월의 꽃샘추위 덤불 속 노란 기억
고개 숙인 반성의 증표인가

살찬 밤과 낮의 칼날에 맞서
제 몸 흘려 비운 피
세상 빛을 막아 쏟았으므로
움도 싹도 피워보지 못한
성급한 봄의 눈빛인가

짠하게 아깝고 지켜주지도 못한 죄
내보이지 못하고 속 깊게
감춰두었던 부끄러운 고해성사 같은

아랫배 살살 아프다
더 이상 내딛지 못하고
주저앉아 바라보고 있다
인적 드문 산자락에
외따로 유배된 영원한 사랑

자판기의 심장

잘해드려야 할 어머니는 이미 떠나고
원치 않았지만 어찌어찌 하다가
어른 고아가 되었습니다
밤비 오는 날 앞집 살구나무
빈 가지가 휙휙 휘청거리면
지금도 가끔씩 밤새워 웁니다

자판기 위에서 붉게 뛰고 있는 심장 하나
"야 소영어미야 너 따라가고 싶다"
속수무책으로 옮겨와 뛰고 있어요 어머니

밖에서 일을 보고 바삐 들어오는
승강기 거울 속으로 어머니가
땀을 뻘뻘 흘리며 불쑥 들어오십니다
어마나! 어머니 꼭 닮은 내 모습
고맙습니다, 이제 조금 알 것 같아요
그때는 이런 줄도 몰랐습니다
옆에서 누가 보고 들을까 봐
입술 달싹달싹 옆눈질로 보다가

층수를 알리는 벨소리 듣고야
머리를 다독이며 내렸습니다

오늘 아침 끓인 대구탕 제 국그릇에
꼬리와 대가리만 가지고 앉았습니다
그러니까 그때는 그러는 줄만 알았고
애들 키울 때는 앞만 보고 달리느라 몰랐는데
어머니 나이로 뛰는 붉은 심장
자판기 위에서 타다닥 타다닥
오늘에서야 밤비 소리를 냅니다

보름달 문어 도사

격포항 파도 소리가 밤 지느러미에 걸렸다
보름달은 언제 거기까지 따라 올랐는지
창문 하얗게 걸터앉았다
잠 못 들고 베갯머리 뒤척이다가
무심코 내다보니
저녁 내내 달그락거리던 냄비 속
가부좌 틀고 앉은 문어 도사
깜짝이야! 앗 뜨거
곤이 잠든 승주 엄마 어깨로 머리 위
효정 엄마 심장 속까지 가늠해 보고 있었나 보다
바다는 깜깜 절벽인데
맛으로 보시해 성불한 문어 도사
해탈은 어디에 던져두고
능청스레 기인 긴 동짓달 규방을 넘보는가

그림자

너는 길게 서서 죽는 연습을 하는가

정오의 뜨거운 햇살과 몸이 섞이면
그럴 줄 알았다
티끌만한 의심도 없이 누워
해 종일 설명해도 다 모를
비밀 같은 영혼의 자유를 헤아린다

밤이 가둔 현주소에서
가을 밤 중방 밑 귀뚜라미 우는 소리까지
적는 이가 시인이란다

날마다 살아 죽는 연습을 하는

시의 생식기

시를 말한다 슬픔을 해학적으로
풀어내는 날카로운 풍자성도 있다 했다
사람들은 연과 행이 분명하고
말재주와 의미구조 또한 신선하단다
세계에 대하여 풍성한 성찬이라
이곳저곳에서 침이 마르는데 매기買氣가 없다

비온 뒤 강가 풀숲이 많아야 물고기도 많이 꼬인다 했다
너무 말쑥해도 은신처가 없어 고기들이 숨을 수가 없단다
내버려두어라 언제 시 팔아 밥 먹고 살았나
누구는 술값 담배 값은 해야 하지 않느냐고 하지만
술도 못 먹고 담배도 안 피우니 됐잖은가

그 옛날 풍류시인들도 붓 끝에서 가난뱅이 놀고
청빈한 선비 낙숫물 소리에
떡방아 찧는 깊은 속내 읽지 않았던가
거실 법랑냄비 속 보글보글 끓고 있는 대추 쑥차는
시의 대가와는 아무 상관없이 향을 녹여
스스로 내주기 위한 몫으로 사유의 방을 연다

시를 쓰고 시를 버리고 알 만한 사람은 다 안다
어떤 날 안개 낀 시의 사막에도 등대가 있나 길을 내고
반짝 신 내리듯 비릿하게 내려앉는 봄비
봄밤 시나브로 열리는 시의 생식기
아! 삼삼 시큼새큼 열리는 너를

돈의 눈

어느 날 강의실에서 모 교수
깡통집에 세들어 살다가
근 20년 가까이 정말 죽을 똥 살 똥
땀을 뻘뻘 흘리며
구두쇠, 눈치쟁이, 신발끈매기
한 달에 이백오십씩 목매달 거느라
입에서 단내가 났단다

들면 날면 먹었는지 눈은 붙였는지
유행은 지났는지 입었는지 몸 비벼 매워
간만에 이제는 안방도 내 차지
건너 방도 진짜 우리 차지
애들 방도 탱글탱글
휴! 짐 벗어 놓고 숨통 좀 돌리나 했단다

얼마 못가 아내가 덜컥 교통사고
일천이백만원 보상해주고
보험금이 올라 월 이백만원씩
도로 이 갈리게 목매달았단다

돈에 눈이라도 달렸던 것일까

이주머니 저주머니 탈탈 떨어 들고
병원이로든 고속도로든 구멍구멍 가는 길
안 가르쳐 줘도 잘도 찾아 나간다 했다
뉘신가요 그쪽
뚱뚱하고 미련해 보여도 좋으니

율곡 선생이건 신사임당이건
눈 감겨 모가지 안 죽을 만큼 탁 비틀어
꽁꽁 다발로 묶어 안방 한가운데
몰아 쌓아 넣고 눈 벌셔*
신발 코 안쪽으로 돌려두고 머리 착 치켜
손 탁탁 터는 뉘 없소?

그거 있으면 나도 정말 하나 사고 싶소

* 눈을 부라린다는 뜻 경상북도 방언

가오리찜을 먹으며

몸속 곳곳 톡 쏘는 맛을 지녔던가

제 부모에게 눈 흘겨 뜬 적 있었던가

옆으로 흘겨 뜬 눈을 하고 바닷속에서
양쪽 날개 펄럭펄럭 휘어졌고 다녀
섣불리 어느 뉘도 범접할 수 없었으리

도톰한 몸속 어디 어디 회 치면 시원하고
진저리치게 톡 쏘는 맛 찜으로 숨겨 두었다가

미끈덩 목구멍 짧은 터널을
넘는 순간부터 너는 내 몸이 되었다

시간이

누구는 둥글다 했던가

어제와 그제
오늘과 내일
원인 형체도 모르면서
처음과 끝도 없으면서
자꾸 돈다고 한다

몸은 물론 다리도 본 적 없으면서
사람들은 왜
한사코 보내고 맞는다
말들 하는지

이 사람 그런 일
저 사람 이런 일
모서리나 남기지 말던지

제2부

강물

아프냐고 물어보면
묵묵히 괜찮다 손사래 치며 흐르는 강
반짝반짝 혼자 빛나는 줄만 알았습니다

험한 모퉁이 돌아 나온 몸짓으로
낮은 곳 채워주며
외롭게 흐르는 강
무심히 바라만 보았습니다

밑도 끝도 없이 흐르는 강
당신의 꼬부라진 손마디를 보고서야
내가 아픈 모퉁이였다는 것 알았습니다

그 나이에 손 푹 담그고서야

오이 배꼽선

오이를 씻는다
흐르는 물에 보드라운 수세미로
문질러 씻다 문득
맨 끝으로 오므려 입 다문 오이 배꼽을 본다

거간꾼 흥정 입소문
중간 허리가 구부러져도 값이 없고
끄트머리가 조금만 갈라져도
밭고랑 고개 숙인 채 늙히기도 했겠지

촘촘히 밀려드는 외래 농산물에 맞서
비바람 속 곧게 몸 부풀려 내주기 위해
가슴 답답한 비닐봉투도 써 보았겠지

밍밍해도 맛이 없고
아작아작 달짝지근하고 시원스런
일급수 물맛 지녀야 한다니
꼭지 매단 삭신이 밤 낮으로 좀 쑤셨겠지

사람에게만 참선이 있다고 누가 말했나
말없이 몸의 가시가 오돌토돌 일자로
새파랗게 버틴 결실이 배꼽선 아니던가

암탉의 일가

어느 봄날 밤의 춤은 이미 시작 되었다
그맘때 어미닭 빈 알통
달걀 두서너 개 감싸 도는 날개 사이로
한 쪽 뒷다리 쭉 펴고 사선으로 돈다 했지

눈치 빠른 어머니 얼른
모아둔 검정 달걀 노란 암탉 알
열다섯 개. 이십 개 쯤
암탉 품에 넣어 돌려주었다

알통 속 어미닭 품에 안 긴 생명의 열기
달그락달그락 궁굴리는
머리맡 줄탁 신기하다
턱 궤고 앉아 지켜봐도
암탉은 눈만 껌벅일 뿐 미동도 없다

가끔 나와 물만 먹고
삼칠의 이십일 일 줄탁의 끝머리
어미닭의 발뒤꿈치 따라 나온 병아리

가느다란 다리 어미닭을 닮았다

수돗가 양지바른 짚가리 밑
졸고 있는 어미닭 등 위로 올라앉고
어미의 입을 쪼다 품속 파고드는
검정 노란병아리의 일가

어느 봄 날 밤의 춤
마지막 남은 내 어머니의 텅 빈집
생의 달력 아니였던가

보라
― 생식 본능

1
한여름 뙤약볕
낮부터 밤까지 숨 돌릴 틈도 없이
온 동네 가득 채우며 울던 매미
며칠째 조용하다

짧고도 긴 초긴장의 여정
제 칠일세 아마 짝을 찾았나 보다

목청껏 신명내어 울다 울어
목숨 바친 제칠 년의 약속
신들린 아우성이었다

2
수컷의 목청에 반해 찾아 나섰던 길
본성은 어찌할 수가 없었나 보다

지상에서의 번뜩이는 종말
끝내 보존해야 할 약속

땅속 가깝고 금 간 나뭇등걸 구멍 내어
알을 묻어 두어야 할 의무
이 주일 후 애벌레로의 땅속 향한 칠 년
질기디질긴 저 몸부림들을

보라, 애초부터 빈 몸이었던
본연의 생식 본능에만 목청을 가다듬지 않던가
구멍 낸 나뭇등걸 알을 묻어 두어야 할 의무
제 몸을 나누지 않던가

자줏빛 점박이 노랑나비

 수굿해진 늦여름 자줏빛 점박이 노랑나비. 나비란 이름 하나만으로도 아름다운데 노랑 바탕 자줏빛 점박이 한 쌍씩 창세기 제 몇 장 몇 절 하나님 "두고 보시기에도 좋았더라" 수작입니다

 그 뜨거운 가슴속 지닌 소원 한 자락. 나비의 삶도 그리 순탄치만은 않았을 것이었거늘 무사히 우화의 옷을 입기까지 여차 지경, 순간 몽의 일부를 떨어낸다고 해요

 어머니는 고향집 마늘밭 가장자리 쑥갓 상추 아욱 씨를 던지듯 뿌려두면 꽁꽁 언 겨울 이겨내고 봄부터 여름 내내 흙 잡은 깊이 따라 얕게 묻힌 씨부터 차례로 이른 봄여름 나고 지고 꽃은 피고 지고 하롱하롱 온갖 각색가지 나비는 어디부터 오는지 팔랑팔랑 날고 마늘종 뽑으러 간 어머니 곁에 아이는 나비춤에 신이 났었지요.

 흔들리면 꽃잎 사이로 쌍쌍이 날개 접고 앉은 나비 살금살금 잡으려다가 놓치면 정말 손가락에 가루만 남지요 이내 손을 흔들어 바지 허리 엉덩이쯤 부비며 날아간 방향으로 손을

흔들어 기도하듯 나비의 길을 내주었지 싶어요 "얘야 나비 가루 눈에 들어가면 눈먼다" 눈먼다는 말씀 놀라. 손바닥 엉덩이 바지춤 여기저기 바삐 문질러 아직은 잘 모를 환한 꽃길 이미 냈지 싶어요

   자줏빛 점박이 노랑나비 따라 어느새 고향집 마당에 와 보았습니다. 정령 나비는 그렇게 고향집 마당도 되나 봅니다

훼 훼 훼

이상하다
정말 이상하다
늘 그러듯이 이른 아침 일어나보니
조용하던 창밖에
훼 훼 훼 하고 우는 새소리
귀가 번쩍 열린다

훼 훼 훼 훼
당단풍나무 사이 헤집어 날며
무엇이 알고 싶었을까

날갯짓이 유난해 내다보니
몸은 몽당한데 꼬리가 길다
두리번두리번 뾰쪽한 부리가
분명 새이긴 한데 도시 새 이름은 묘연하다

내일 아침도 또 와서
훼 훼 훼 하며 날까
솟아오르는 길목 궁금한 게 있긴 한가보다

다음 날도 만약 또 오면
나아가 붙잡고 나도 너처럼
훼 훼 훼 하고 물어볼까

배통냥*

창문에 내리는 빗줄기 바라보고 서 있는데

"떠나간 인생이 다시 돌아오리오마는"
흥얼대던 이모는

불러본다고 씻겨간
인생이 다시 돌아오겠느냐며
정구지 썰어 넣고 빗소리 장단을 돌려 내고 있다

야멸차게 떠내려간 1969년에게 2024년이 너 때문이라
눈 흘긴다고 인생이 다시 돌아올까마는

불면 날아갈까
앞에 있어도 보고 싶어 쳐다보기도 아까운
예쁜 딸 셋 품에 안겨주지 않았더냐며

저만큼 길게 서서 배통냥 하고 있잖은가

* 배를 불쑥 내밀어 보이는 당당한 모습 울 엄마 흔하게 쓰시던 전라도 사투리

개구리가 우는 이유

단오 지난 아마도 초열흘
평소보다 늦은 농촌 일에
바쁜 걸음으로 집을 향해 나오는데
하늘은 시린 달빛 마구 쏟아 낸다

무논 개구리는 왜 저리도 슬피 울어대는지

사연 들어 보았는가
가는 길 어떻더냐고 물어 볼 수나 있었던가
말 한마디 나누지도 못하고
초저녁 밤 입었던 옷
머리맡에 단정이 접어놓고 떠난
바로 밑 여동생같이

열무 장터의 아침

익산군 망성면 독골
저 아주머니들 머리 위에 인 것 좀 봐라
양철통 수북하게 열무 단 새벽길을 나섰다

강경 황산동 오거리 아침 시장이 열리는데
지푸라기로 허리 질끈 동여맨 열무 단
이집 저집 아침 밥상 위 생긋한 겉절이로 오름이
거만스레 하얀 입김을 모락모락 피워 문다

열무 장이 끝나는 시간 오거리 모퉁이 집
나무 대문이 삐거덕 열리고 닫히고 마당 구석구석
텃세도 안 내고 맘 놓고 한나절 내내
동그랗게 빈 얼굴 끼리끼리 널브러져
무슨 말이 그리 많은지 양철 대야 수다쟁이들

우리 집은 비누가 없다, 큰아들 월사금 다 채워졌는지
저 웬수 영감쟁이 생일인데 미역을 사겠지
욕심쟁이 마누라 자투리 채워 통장에 넣어 두고 오겠지
비료도 사겠지, 자루 부러진 호미도 고쳐 들고 오겠지

예쁜 막내딸 농지기도 한 벌 사 두겠지
꼬불꼬불 파마는 말았는지
입은 헤프게 벌렸어도 알 건 다 안다
주인 영감 막걸리도 한 잔 거나한 얼굴
지게 등 위에 몸 부려 앉을 때까지

나무 대문 집 둘째 딸 발부리 걸리는 것마다
입 벌린 양철통 눈치는 빨라 기다릴 사이 없이
뉘 집 내 집 사정 다 말하니
때려 줄 수도 없고 걷어찰 수도 없다

얼굴만 푸르락푸르락 하는 사이
'애야 그러지 말거라 내 집 마당 넓으니 좋은 일이다'
인정 많은 대문집 우리 아버지 상큼한 열무 속을 닮았다

나무가 나이테를 그리는 이유

수없이 많은 날 나무는
비바람이 머리에서 발끝까지 적실 때
홀로 선 그리움도
꿈속 구름 인양 핀다

긴 겨울 삭신 얼리는
그 두려움 왜 없었겠는가
윙윙 가지 끝 스치는 천둥번개
저리 많은 노래로 흔들렸던가

묵묵히 안으로 안으로 만
제 몸에 행사인 듯 감긴
둥근 눈금 줄줄이
강도를 높이고 있었다

먹 척* 튕긴 금줄 따라
대패 톱날 서늘하게 지나간 뒤
선명히 고개 쳐들고 일어선 나이테

구태여 나무 이름 묻지 않아도

바람이 불 때마다 가지 끝 거센 춤도

은근히 반겼나니 공명같이

* 가느다란 실줄에 먹물을 팅겨 깊이와 넓이를 나타내는 눈금자

수줍은 눈길

시내버스 승강구 올라오는 저 여자
똥꼬뵐라 남색치마 입었다
손잡이를 잡고 서서 요염한 눈빛으로
두리번거리다 좌로 세 번째 빈자리
매끄럽고 뽀얀 허벅지가
다 내보이게 다리 포개고 앉아 있다

양 옆줄 앉은 남자들
젊음은 어떻고 늙음은 그런 것
오늘 이 순간만이라도
이야기하지 말기로 약속이나 한 듯
그 한 곳을 향해 힐끔힐끔 눈길 수줍다

아마도 쩐득하고 촉촉한 핏빛 그리움
응애-응애 아 앙
태 짚자리 비릿한 어미의 질긴 탯줄
아슴아슴 보였기 때문일까

옆 건너 감색 중절모자

헴 헴 헛침 꼴깍 들이마시는 소리
찌릿찌릿 흔들리는 이유 나는 모른다
똥꼬뷜라 남색치마 속 무언가 있긴 한가보다
감춘 그 갯벌 은밀히 쇠시락 대는 소리

정류장 정차할 때마다 아무 관계도 없으면서
물색없이 홀떡 걸터 보고 내리는 저 눈빛
짧았을 때 더 그리운 것인가

소리의 집

흰 눈 장독대 위 얹히듯
새벽녘 사락사락 치맛자락 스치는 소리

대전발 0시 50분 기적 세워 놓고
후르륵후르륵 가락국수 소리

노처녀 총각 시집 장가 가라
할머니 고모 이모 쪼글쪼글 애 갖는 소리

얼씨구절씨구 쨍그랑 쨍깽
말하기 좋아하는 엿장수 가위 치는 소리

골담초꽃 · 2

저녁 안개 고즈넉이 피어오르는
골목길에서 유년을 만났다오

초등학교동창회 날 고향길 지나다
이엉 없이 허물어진
토담 밑에 휘어진 골담초꽃

"애들아 이 꽃 좀 봐"

집으로 돌아가던 비탈길 울타리 밑으로
갈색 줄기마다
매달린 꽃잎 많이도 따 먹었다고

솟아오를 때부터 휘는 가지 밑으로
정초하게 내려 핀 노란 꽃잎
뾰족이 새콤달콤 따 먹었다오

울타리 밑 골담초 우리 동네 꽃

영산홍의 가슴

주인이 한동안 집을 비운 사이 밤에는 풀벌레 울음 베개 삼고 뙤약볕 엉겅퀴 자리다툼 속에서도 뿌리를 내리고 혼자 집을 지키고 있었다

남풍으로 품격을 지키며 철이 들고 별빛의 눈짓 미리 알았던가, 사르르 진분홍 가슴을 열어 보이고 있었다,

주인의 발소리 기다리다 지쳐 몸을 비틀며 바닥을 물들인 숨결이 더 애잔하다, 그런 줄도 모르고 괘도의 이탈을 모르는 약삭빠른 시간의 처방전, 유월을 속수무책 받아쥐고 있었다는 걸

불연 듯 바닥을 물 드린 진분홍 가슴을 오도카니 짚고 서서 나를 대 보는데 어리디어린 숨결 어느새 자라 내가 되어 있었다는 걸

제3부

뗏창

친구여!
긴 밤 지나 이른 아침 매미 울음소리 들었겠지

소나무 몸통을 기어올라
아무도 본 이 없는 제 칠일의 애잔함
일곱 해 어두운 땅속 증명하듯
눈 서린 시간 종교로 접어
급하게 기어오른 벚나무 가지 어디쯤

앞 동 눈 퍼런 당단풍나무 꼭대기
요란하게 목젖을 울리며 짝을 부르네

몇 마리 저리 저린 가슴 바람이 잘 때까지
가락을 타다 까치나 참새 먹잇감으로
살신성인을 맞아 음계를 놓친다 한들

저린 가슴 교리로 우는 기도 소리 들었겠지
친구여!

백합

바스락바스락 빈 조개껍질 밟는다

개벌 구멍 속에서 잡혀 나와
검정망 자루 가득
마치 죽은 듯 조용하다
딱딱한 껍질 안 물관 숨겼다가
바닷물이 철철 넘쳐 흐르는 물통속
몸 반쯤 열고
벌 밖 세상 짚어보는가
밑으로 아우를 봤는지
손 대면 냉정히 몸을 닫는다

뻘겋게 피는 숯불 위 철망
탁 탁 튀며 몸 쪼개는 소리
찰지고 짭조름 가슴 뜨거운 맛
은밀히 새어나온 뻘의 젖꼭지

허옇게 드러누운 갯벌
동그란 구멍 위로

밀물 때 쓸려가지 못하고
여기저기 빠끔거린다
손가락으로 쏘옥 찔러본
당신 배꼽 아래 구멍
이리저리 여덟 갈래로
찢어졌다 아물었던가
다닥다닥 붙어 있다가
차례로 덤벙 걸린다

바스락바스락 빈 조개껍질 밟는 소리

?

어느 날부터인가
발목에서 종아리로
울긋불긋 열꽃이 폈다
긁다 불고 손끝으로 달래본다
살갗 위로 히득히득
고개 쳐들고 일어서는 비듬
허옇게 나뒹구는 비듬 조각에
이삿짐 보따리 얼굴 들여민다
싸고 풀고 또 풀고 싸고
움퍽지퍽 가던 길
소도 보고 말도 보았다

누구는 소설을 써도
몇 권씩 쓰고도 남는다 했던가
김도 안 나고 뜨겁기만 했던
지나간 기-인 시간이
철없이 깔깔대며 서 있다
시려거든 떫지나 말지
가재미 눈으로 흘겨 떠도 끄덕하지 않는다

모 국민연금 전문연구원 보고서에 의하면
현재 나이 × 0.7 기준으로
남은 시간 24,600만 시간을
더 쓸 수 있다 가정을 해도
3분의 1 시간은 잠자다 깨다
이래저래 남은 시간 18,300만이라 한다
참고 믿으며 약정 없는
기다림 속에 반백 년 살았고
앞으로 아프고 속으면서 반백 년
흔들리는 고갯길 정녕 백년인가요

용량 깡패

도심 속 지나는데 음식 전문 백화점 앞 간판
'용량 깡패'
많이 준다는 이야기겠지
입속 군침 꼴깍 넘어간다

장사 수완은 접어두기로 하자
애교스러워 가던 길 되짚어
하얀 인심 다시 읽어 본다

보릿고개 넘겨 본적 있었던가
모 방송 연속극 〈간난이〉 배고파 우는 대목
그때 그 사정 모르는 요즘 아이들
"밥 없으면 라면 끓여 먹지 왜 울어"

한번 실컷 배부르게 먹여보는 것
최고 소원이던 시절 있었다

금강 황산 나루 건너 세도 모래벌판
진종일 긴긴 해 종달새 지지배배 낮게 날고

초근목피 허기져 꼬부라진 허리 쳐들고
자운영꽃보다 더 붉은 울음

보름 달밤 청보리밭에서 XX하나 잡아먹었다고
오일장마다 밤보다 더 진한 두려움 들어본 적 있다

'용량 깡패'
도심 속에 화려하고 친절한 간판
주인의 따뜻한 가슴에 박혀
왠지 오늘따라 낯설다

수돗가에서 복어를 씻다가

생의 무기였든지
미끈거리는 복어를 씻다가 날감지* 된 가시에 손을 다쳤다

제 목숨 방어장치로 맛의 승부수 미리 내보였는지
빨간 피가 손가락 사이로 흘러내린다

저 자신을 위해 독을 맛으로
금방 내려놓으면 그만 일 숨결 그리도 아가미는 붉었다
너를 위해 나를 다치는

맛으로 손을 다치고 눈을 붉히는 거기 누구 없는가

맛의 유혹으로 뜨거운 피 씻어 버리는 일
한 치 앞도 모르고 손가락을 다치는
미끌미끌 복어를 씻는다

* 생선의 등 가시를 이르는 전라도 사투리

봄

모든 생물의 생식기다

대지의 자궁을 찢으며
붉게 깨어나는 꽃잎들

웃뜸 아랫뜸 미역 빠는 냄새

실버들

예취기가 우두지 돌려치고 지나간
유등천변에서 혼자 흔들리고 있다

외진 모퉁이 겨울로 가는 들녘에서
새로 움 돋은 가느다란 줄기
외따로이 서서 바람을 지키고 있는데

옆길로 지나는 길손
바라보는 것만으로
오슬오슬 목도리 한끝을 돌려 여민다

누군가 기다리고 있는 어슴푸레한 눈빛
저무는 들녘 애달픈 들 지기

네 안 같이 흔들리고 있는

봄비 · 3

아래로 낮춰 제 몸 지우고서야 꽃이 되는 저 숙명

자궁 속으로 파고들어 불 지피고
앞집 살구나무 꽃비 되어
볼록볼록 젖줄 물리고 있는 저 가지 보면 안다

대구로 부산으로 외삼촌 나들이 길 따라나서는 이모
황나빛 치맛자락 걷어 올리는 것을 보면 안다

사발농사꾼과 팔남매 저녁거리 걱정으로 돌아서며
음찔음찔 소매 끝 적시는 울엄마 뜨거운 눈물 보면 안다

꽃씨의 노래

실눈 뜨고 봄 오는 소리 미리 들었던가
한낮 야릇한 햇살에 끌려 짧은 단발머리
분홍빛 염색 봄꽃으로 피고 싶었나 봐요
개나리미용실 문을 나오는데
눈꺼풀 찔벅 어!어!
솜털 머리에 인 이름 모를 꽃씨 하나
앞질러 가다 말고 생글생글 말을 걸며
걸음을 멈춰 서 대요
보도블록 사이 밟아만 달라대요
깃털을 잡고 길가 풀섶
비비적거려 묻어 주었더니
꽃샘바람 심술 무섭지 않다면서도
엇 춰! 통성명을 읽었는가
일찍 여문 꽃부리 무너뜨려
옆을 툭 치며 앞지르는
민들레 뽀사시한 얼굴
부지거처 봄바람 타고 가네요
같이 따라가려다 눈웃음만 살살 흘리며
도무지 갈 길을 잃어버렸네요

겨울 장미

동지도 훨씬 지났는데
무엇이 눈에 밟혔을까
겨울 담장 위 빨간 불을 켰다

오월 한물지던 꽃잎들
합창하듯 떨어져 흔적도 없는데
유독 해야 할 말이
아직도 남아있는지

지나는 길목 담장 위
당신으로 흔들리고 있다

소한 개나리

아직은 봄날이 먼 겨울 날
양지쪽 담장의 일찍 바람난 노란 개나리
새초롬한 얼굴 녹록치 않은 눈발을 거머쥐고
지나는 이 눈길 모은다
나도 한번쯤은 맘껏 휘어진 개나리처럼
휘딱휘딱 휘날리고 싶다
별 넣고 달 그려 지은 시의 정수리 밑으로
반듯하게 뒷가르마 갈래머리 빗겨 묶고
겨울의 배를 탁 가르고 싶다면

들풀

줄기차게 한숨 달게 쉬어 보는가
눈 감고 안 봐도
훤히 보이는 봄으로 가는 길

벌금자리 별똥 바랭이 비단풀
여리디여린 햇살 쥐고
밭둑 베고 누워
있는 듯 없는 듯
어우러진 풀들 연초록 입김

겨울 산수유

첫눈 머리에 이고
무엇이 못 미더워 저리 붉었나
가지 끝 고개 숙인 기도

할머니가 아기를 업고
어머니가 나를 이리 붉게 익혔다
내가 내 아이를 안고 품듯이

추상같은 엄동설한 속에서도
애끓는 기도
아직도 끝나지 않았다

환생

재 넘어 콩 팔러 간 울 엄니
아직도 안 오시는데

하늘의 도움으로
올해는 비가 적정량 내려
검정 서리태 밤콩 농사가 풍년이란다
흰 파마머리 짧은 카트
가지런한 앞니를 환하게 내보이며
웃는 앞 동 아주머니

10kg 주문
넉넉히 달고 덤도 후덕하게 담아
두 자루 나누어
현관 앞에 놓고 간다는

재 넘어 콩 팔러 간 울 엄니

제4부

가을과 노인

속수무책으로 가을은 황홀하게 익어간다

붉은 단풍 밑으로 흰머리 여인 걸어가고 있다

천상, 본인의 의지로 온 것도 아니다

갈 때 가는 곳 미리 예약하고 가는 것도 아니다

오고 가는 경계가 시간과 계절 따라 다르다

곱게 빗어 뒤로 맨 흰머리 빨간 꽃으로 피고 싶다

떠날 때는 울긋불긋 수인으로 꼽으셨는가

달랑달랑 요령잡이 나뭇가지마다 거셨는가

호박의 미소

야트막한 언덕 호박 구덩이 앉혔다

오다가다 물 몇 번 준 것이 다인데
올 같은 가뭄에도
살구씨만한 애동호박 밴 채
줄기 서너 마디 가다가다 암꽃을 피웠다

호박도 식구인데
맨 땅을 기는 것이 안쓰러워
평상을 짜려고 잘라 놓은 대나무
윗가지 얼기설기 받혀주었다

의자가 별거냔 듯
줄기 느려 감고 올라앉아
형님 아우 호박 세 개 웃고 있다

노란 호박꽃 미소 속 호박벌
내일 아침까지 꼼짝없이 또 갇혔다

그래 산다는 것
올라앉는 거야
좋은 일에 빠져 갇히는 거야

사랑은 언제 어디서나 함께

진종일 울고 밤바람 사이를 가르는
매미 울음소리 온 동네 가득 채운다

제칠 년의 서러움 짚고 이소로 밝힌 울음
밤을 보낸 수컷의 날개 밑 간절한 소망 하나
기적도 숨을 감추고 지나가는 밤
비속의 적막을 가르며 짝을 찾아
이른 아침 창가 방충망 1초의 기다림도 아쉬웠든지
위로 아래 간격을 두고 두 마리 숨을 죽이며 붙어 있다

가만가만 다가가 사진으로
가족 톡 방에 '찾아보세요' 올렸다
그 즉시 모녀 시인네 시인은
"사랑은 언제 어디서나 함께"
빗속 사랑에 제목을 붙여
금방 연 나눔의 장 마수걸이를 붙였다

아파트 화단 유월 늦 장미 밑 납작 엎딘 맥문동 푸른 기침
애간장 녹인 매미 울음 장미밭 가시 밑을 헤매다가

먹이사슬로 목숨까지 내건다 해도 의심 같은 건 추호도 없지
제칠 년을 묻어 간직해 줄 맥문동 푸른 약속

한 계절 밤 매미 부부 일대기
창가로부터 성금 같은 사랑의 기로
빗속에서도 '사랑은 언제 어디서나 함께' 있다는걸

굴뚝새 비행 연습 · 1

아침 첫 비행이 시작 되었다
첫째 둘째 셋째 차례로 막내
장한 일을 해냈구나
지저분한 둥지 헐어버리고
시원스레 냉동고 문 여닫아야지
그래도 한 번쯤은 기다려 줘야 하나 망설였다

저녁 반찬으로 정구지 부침개 부치고 서 있는데
밖이 소란하다 창문 밖 굴뚝새 소리

언제부터 시작 들어왔는지 첫째의 귀가는
무사히 끝내고 검고 뾰족한 주둥이
문턱대고 밖 거동을 내다보고 있다

삐룩삐룩 이룩이룩
너도 어서 들어 온
삐룩 삐룩 엄마야

빨리 따라 들어오렴
삐룩 삐룩 삐룩 엄마야

빨랫줄 위 앉은 어미새 정신이 없다
찌룩찌룩 이룩이룩
넷째가 안 보인다 이룩이룩

길을 잃었나 무슨 일로 삐쳤냐 넷째야

둥지를 헐어버렸더라면 아랫배가 아프다
찌룩찌룩 이룩이룩
어미새 되어 서툴게 따라 불러보는데

그 골목에도 첫눈이 내리겠지요

첫눈 내리는 창밖
아슴아슴 스쳐 지나가는 발길 하나

'쟁개비'란 말 아시나요?
'양재기'는 아시지요
쟁개비와 양재기는 똑같은 재질의 그릇

쟁개비의 유래는 양은그릇인데
불 위에 올리면 이내 바글바글 끓고
내려놓으면 곧바로 성정 놓아버리는 몸
어찌거나 바닥에 떨어지면
요란스레 댕그랑 댕댕 나동그라지다
모서리 찌그러지면서도 챙챙 시끄럽거던요

지랄 배기 그 여자 별명은 '양재기'
얼마나 시끄럽게 양양 됐는지 몰라요

이른 아침 첫눈 오는 유리창 밖을
한참 동안 서서 바라보다
심장 한 모서리 바늘에 찔린 듯 아팠어요
창밖에 멍청스레 내리는 첫눈 때문이어요

아직도 끝나지 않은 눈물

밤새 떨어진 생각들이 지천으로 쌓여 있네요

간밤에 울다 지쳐 달랑 남은 생각조차
바람이 휑하니 채어가네요

다 털어 내주고 혼자 선 나무
쇄액쇄액 심장 끌리는 소리만 내고 있네요

잊은 줄 알았는데
중방 밑 청량하게 빼는 귀뚜리 음표
금방 터질 듯
부어올라 꼬부라진 손가락
아직도 끝나지 않은 당신의 눈물로 떨어지네요

빠짐없이 다가선 계절은
속 타는 줄도 모르고
불붙는 단풍나무 밑에서
자꾸 부채질만 하고 있다네요

돌탑

공주 영평사 크고 작은 돌탑
울고 웃던 이들 소원은 풀어주었는지
넉넉한 자세로 앉아 있는데

돌을 든 손이 맨 위 닿을락 말락
무슨 염원 그리 많아
떨어질까 허물어질까 조심조심
층층 탑 올려 쌓아 놓고
두 손 모아 절을 한다

어쩌다 그렇게 누구인지
가파르게 보낸 생의 주름
굽어보고 돌아볼 사이 없이
돌탑을 쌓는 여인
까마득 질긴 끈을 놓쳐 버렸던가

아! 아하 저기 사십구제 지낸
가사 장삼 차려입은 젊은 상자 스님
납작 엎딘 돌무덤 앞에서 잦은 목탁 소리

만약에라도 사방팔방 떠도는 거리 귀신
허기진 배 달래나 주었는지

오르는 듯 내려가는 길에서
돌탑에 돌 얹고 절을 한다
누구신지

제 산 대로 섰다 가더라

높은 곳을 향하여
그 힘 있는 것에 대하여
나는 왜 이러느냐고
불끈불끈 눈 흘길 일 아니더라

앙양된다고 더 잘 되고
욕심낸다고 많아지는 것 아니듯
손 벌린다고 더 받는 것 아니더라

묵묵히 제 할 일 다 하며
저 베풀고 지은 복
살아지는 대로 살다 보면
눈길만큼 숨결만큼 흘겨 지더라

어느 구름 속 비 들어있는지
살아보니 알겠더라
홍시 장사 감 채반대로 올려야지

살아온 범위 안에서

겪고 철 들어 짚어보니 알겠더라
별것 아니더라

종래는 제 산 대로 섰다 가더라

내소사 단풍

사철 푸르른 나무 사이사이
붉디붉은 입술을 가졌대요
아름다운 입술 달싹이며
기다렸다는 듯
우루루 이별을 말하대요
내소사 오르는 바람에
외로운 춤꾼 나분거리대요
발아래 툭툭 집까지 따라오다가
붉은 수인 찍어 그린 이별사
제목 '비움의 미학'
미리 와 읽고 있대요

멍게 꽃

남해 바닷가 빨강 너 또한 그러하였다

봄 물결 푸른 파도 출렁이면
활활 불을 뿜어대는 봄 색시

염기서열 몇 번째인가
다시마 그물망에 다닥다닥 심지 세워
푸-푸우 불꽃으로 활활 타고 있다

이 빼빼 마른 봄판
너를 건져 초밥 고추장에 비비면
새큼달큼 입속까지 환하게 술렁거린다

남도 바닷가 오돌토돌 상큼한 멍게꽃

허기

이렇게 비가 오는 날은
창문 앞 추녀 밑에 줄지어 떨어지는
낙숫물 소리를 듣고 당신인 듯 서 있네요

흘러가려거든 두드리지나 말지
헝클어진 마음 유리창 사이로 불러 세워두고
어쩌자고 혼자 밭고랑 굽이돌아 거기쯤 가시나요
어슬어슬 몸을 지워 저만큼 스며가면 그만인가요

잊어달라 부탁으로 맺혀두고 가시나요
빗물 방울 포개 내려놓고
오래전에 지웠다며 선명히 커지는 빗물

흘러 그냥 가려거든 부르지나 말지
밭고랑 돌아 흐르는 당신

이름

단 한 사람을 놓고 가까운 대로
박사님 교수님 회장님 하고 부른다
몇 발자국 멀게는 위원장님 장로님 관장님
자그마치 여섯하고도 더 있다

아무개의 아들
누구의 딸로
출세를 위해
이름을 들고 활주로를 오간 지 이미 오래

부모님이 주신 주어보다
살면서 붙여진 수식어가 더 많다
몸으로의 효도보다
입으로의 효도가 가문의 영광 아니던가

하늘로까지 들고 다닐
지워도 선명하게 돋는 이름
원고지 제목 밑 침 발라 지웠다 썼다
시인 ○ ○ ○ 석 자
밤마다 별을 세는 이유다

부고장

생김새만큼이나 털이 숭걸숭걸 물컹
송충이가 흉물스럽게
버드나무 그늘을 밟고 내려온다

대가리를 바짝 쳐들고
제 몸 가로 길이만큼
허리는 늘였다가 오그렸다가
아주 불경스럽고 의뭉스럽다

세상처럼 주인 허락도 없이
버드나무 잎 빈 그물망이 되도록 갈아 먹고
도리어 까치에게 눈을 부라리며
얼도당도 안은 핑계를 대다가
파란 물통 내장까지 찍 내보이며
까치 목을 넘는 것 순간인데도
까치 뺨을 이리 치고 저리 치다가
꼴깍 목줄 펴는 핏줄기가 되고 말았다

베잠방이 입은 동네 어르신네

그늘 밑 낮잠 한숨
부채 바람이 툭툭 부고장을 냈다

암 수의 차이

가로수 은행나무를 보면 안다

수은행나무는 제 잘난 맛으로 산다
두 팔은 하늘로 하늘로만 뻗어 오른다
기세등등 번드르르한 옷차림
앞뒤 옆 관심이 없다
이따금 찾아오는 바람에
숙명으로 속없이 에일 뿐

암은행나무는 은행알을 주렁주렁 매달고도
내색 없이 아래로 품어 끌어안는다
푸시시 노르끼리 핏기 없는 얼굴
끝내는 장대 세례 기다려
팔다리 꺾여 잘려도 말이 없다
결코 천성을 원망하지 않는다

한 차례 바람이 휘익 사선으로 엮는
암은행나무 밑에 서면 서겁다
정녕 가을 때문만은 아니리

제5부

창가 소묘

3월 어느 날 봄비 구르는
창가에 눈이 걸터앉았다
정직한 유리창에 부서진 물방울
제 몸을 깨자 꽃이 되었다

울긋불긋 무지갯빛 풀어 놓고
노란 산수유를 깨우고
백목련 가지마다 하얀 음표
옹벽 울타리 개나리 흔들 춤

생명의 얼굴 봄바람인가
앵초 깽깽이풀꽃 미선나무
나름대로 이름표 단 잰걸음 막을 수 없다
뉘 집에서 쑥국 끓이는 냄새조차도

살아있다는 것에 대한 궁여지책 보다
뜨거운 심장 만져 본 듯
창가에 제 이름 내세우는
환한 얼굴들을 읽어 본다

관계의 덫

수통골 감나무 집에 갔어요
뒤울안이 훤히 내다보이는 창 너머
처마 밑 수직으로 흘러내린 줄
커다란 매미 한 마리 날벌레 한 마리
대롱대롱 바람에 이리저리 날려요
그예 거미줄에 걸렸구나 했지요

매미 날개 한가운데 거미가 찰싹 달라붙어
붉은 눈을 번뜩이며 지키고 있어요
저도 요새랍시고 그물망 쳐 놓았다가
그렇게 큰 먹이가 걸릴 줄 몰랐겠지요
너무 무거워 함께 추락
한사코 외줄에 엮여 바람을 타고 있데요

미리 침을 찔러 두었는지 죽은 척 매미
긴 다리 엇바꿔가며 까닥거리는 거미
둘이 서로 끝자리 '미'자가 같아서
한 줄에 걸렸나 봐요

흔들리는 대로 흔들리며 쳐다보다 문득
거미가 제 기술만 믿고 바람 무서운지 몰랐을까요

들판의 기도문

다 내어줄 준비를 끝내고도 시침 뚝 떼고
넉넉한 나눔의 기도문 외우고 있는가

진종일 햇살 넘실넘실 쏟아 놓은 황금색 벼 이삭
모가지 댕강 걷어가도
'왼 뺨을 때리거든 오른 뺨도 내주어라'
고개 숙인 충만을 적고 있다

세상에 흔해 터진 그 도도한 몸짓인 듯
눈 모로 뜨며 '배알이 있나 없나'
이 같은 말을 단연코 들판은 읽지 않는다

가을이면 언제나 찾아오는 태풍
만삭의 몸으로 쓸려도 나는 죄 없다
한마디 입 밖에 내지 않는다
한 해의 풍년을 놓치지 않으려고
바스락바스락 비바람 재우는
기도문 밤새 또 외었는가

김제만경 외배미 들판 무르익는 가을 녘
눈꼬리 오만하고
손맛에서 호언장담 했다더라
그런 문구 듣고 읽어본 적 없다

하나님도 기도문에 탄복하셔
언제라도 씨 뿌리면
백배 천배 만배로 내어주는 은사
빈 들판에게 내려 주셨다던가

촛대바위

강원도 동해 해안도로 따라 달린다
삼척 추암 촛대바위를 만났다
망망한 바다 속에 다리를 파묻고
오롯한 모습으로 태연히 서 있다
쪽빛 바닷물이 수없이 찰싹찰싹
들랑거리다 부서진다
어찌 저리도 꼬들꼬들 우람한지
바다도 어쩌지 못하고 문을 열었나보다

서쪽에서 올라가는 길과 동쪽에서 내려오는
길 위에서 맞주친 저 남자는 코를 찔룩거리며
경상도 말투로 "허!허! 뭐 이런 게 다 있노"
가만히 서서 바지춤을 추슬러 보기도 하고
허리를 빙빙 돌리다 한쪽 다리 덜덜 떤다

그 사내 추암 촛대바위 앞에서
촛대 심지를 가로로 탁 잘라 놓고 보는가
연신 허 허 만 연발하고
선그라스 짧은 바지 멋쟁이 저 여인

한들한들 양산을 내려 받고
그 쪽 아무개를 부르며 키득키득 웃는다

촛대바위 머리는 이미 푸른 하늘에 명운을 걸렀다
아무리 키득거려도 소용없지 싶다
저만큼 통통거리고 들어오는 고깃배가
출렁출렁 바다 어디쯤
물메기 가자미 오징어 도다리
낚았다는 소식을 알려온다
미끈덩 파닥파닥 순산의 금줄을 걸었다

눈알도 대가리 고맙다

바닷속을 얼마나 헤매고 다녔는가는
수돗가에서 튀어 올라
얼굴에 엉겨 붙는 비늘을 보면 안다
양옆으로 툭 불거진 눈알 이름을 선명하게 적었다
가무잡잡 꼬리 날을 세우고 파닥거린다

시퍼런 바닷속에서
꼬리를 치달고 올려 흔들었건
머리를 숙여 목을 처박았건
언제나 생선 대가리란 소리 쥐고
그래 딱, 점심이 경계선에서 낚이고 만 우럭

몸속에서 헤엄을 친다
입이 호사했다

온몸 구석구석 뒤지고 다닐 피돌기
푸른 등살 갈피들이 돋아
내 생의 밑천이 됐다, 고 맙 다

적막한 한낮

개미 새끼 한 마리 보이지 않는다

속수무책으로 퍼붓는 햇살
거실 절반까지 들어와 앉았다
누군가가 돌을 던지면
쨍그랑 금가는 소리가 날 것만 같은
오늘따라 유난히 눈부신
그 빛 속에 내가 갇혔다

세상 소리 속의 궁핍
갑자기 두근두근 심장이 뛴다
사방을 둘러봐도 혼자일 뿐
주방에서 거실로 거실에서 주방으로
다람쥐 쳇바퀴 도는데

건너 담장 넘어 초등학교 운동장
급식실 앞에 재잘거리며 줄 서는 아이들
저 작은 입들이 반갑다
그 소리마저 없었다면
손잡아 달라고 조르고 싶다

수박

작은딸이 하얀 앞니 보이며
수박 한 통 들여놓고 간다

척척 감기는 한낮
은쟁반 위에 씨 가려 두 동강 벌어지는 순간
붉은 자궁 속
아 차 한입 가득 씹히는

입가에 줄줄이 쏟아지는
저 태양의 씨앗들

낳기를 잘했지
어느 사이 익어
시원하고 둥근 아이야

사이 피와 살

입에 올리기도 정말 싫은
가슴을 갈랐다 꿰맸다는 소식
풍문 이기를 손 모아 무릎을 꿇었다

밤 세워 울어도 눈물이 마르지 않았던

누가 먼저 원하든 원하지 않았던
"너와 나 사이" 두고
피와 살을 갈라 채워 이름 지어놓았다

긴 시간 돌고 돌아온 지금
지울 수도
싹둑 자를 수도 없는 엄연한 강물

따끈따끈 따끈이

막내딸 사돈댁에 갔다
서로 피와 살을 나누어 가진 사이니
내 살이 아니던가
도시하고 온전히 담을 쌓은 동네
기차도 자동차도 보이지 않는다
토방 위에 몸을 늘일대로 늘이고
코를 벌름이며 누워 있는 고양이
금빛 쏟아지는 햇살이 마냥 여유롭다
도래 멍석에 마주 앉아 도란도란 서리 밤콩을 고른다
교차 지점을 겸비해 두고
경운기 한 대 겨우 흐르듯 지나가는 농로
저만큼 확성기 소리

두부
두부왔어요
따끈따끈 따끈이 왔어요

등 뒤로 찰싹 붙어 나른해진 체취 쩍 금이 간다
한유하던 시간의 깃발을 꽂는다

새로운 일이 있을 것 같은
아랫집 아낙, 손녀에게 치마꼬리 잡힌
윗집 할머니 하던 일을 멈추고 내다본다
요밀조밀 살림이 심심치 않게 모인다
따끈이 한 모 썰어 얹은 김치쌈에 막걸리 한 잔
보글보글 된장 뚝배기
어느 찌개 속에도 얼룽얼룽 어울리는 숟가락들이
서로 부딪혀 앉은 정분 아니던가
누구에게 붙여도 어울리는
따끈따끈한 기도 소리 같은

후박나무에 밤비 떨어지는 소리

자궁을 적시는 밤비가
후박나무 위 후드득 말갛게 닦은 후
하늘에 올라 본 대로 느낀 대로 고하겠지요

골목 살구나무집 김똥빽* 씨네
대문 밖에서 술 취한 사내가
XX X새끼야 나와 와장창 비를 찢네요
"잘 먹고 잘 살아라"
저 아래 골목길로 조용하네요
그 소리의 주인공이 누굴까

가끔 한 번씩 명일 전날이나 새해 이틀 후
그 집 나름대로 의미 있는 날
밤늦게 어김없이 고래고래 소리치네요
집안에 사람은 있는데 열리지 않는 문
풀 수 없는 발길질을 하다가 갔겠지요

돌아온 탕자를 위해 살진 양을 잡아
제일 좋은 옷 입혀 잔치한 아버지와

자기 분깃 열심히 잘 지킨 장자의 불만

후박나무 넓은 잎을 적신 밤비는
술 취한 저 사내 머리 위를 적시고
어디로 애잔한 누군가 찾아가 적시겠지요

* 김동백이란 사람인데 살구 인심이 사나워 '똥빽이다' 붙인 이름

덤

덤은 팔고 사는 징검다리다

시장 안 바구니 속 고구마
살까말까 돌아서는데
두툼한 손바심 올렸다 내렸다
덤으로 두서너 개 더 얹어주며
호박고구마 달다며 사가란다

딱히 시장 볼 품목에는 없었지만
불가피 덤의 걸려 한 바가지 샀다

장마당의 생리 그렇지 않던가
아롱다롱 장사수완은 차후 일이고
팔아서 시원하고
사주어서 더 감사한
한 마디씩 거드는
입담마저도 덤으로 훈훈하다

재래시장 가본 사람은 안다

사소한 것 같지만 세상사는 일
무료한 하루를 왁자지껄 건너는
덤은 장엄한 징검다리

헛기침 저 남자

지인의 남편 며느리만 오면
유난히 헛기침을 더 해
보기에 민망스럽다 했다

옛 우리 양반님들은
대문 안에 들어설 때부터
어-흠 헛기침부터 예로 챙겨준다
안방에 들어가며 대청마루 끝에 올라서며
밥상 앞에서도 수염을
가다듬으면서 밥을 먹었다 했다

뿐이든가
자기가 건재함을 미리 알리고 싶을 때
헛기침을 한다고 하는데
오늘 아침 그 사람 유난히
헴 헴하며 거실에서 주방으로
안방 건너방 수건을 들고 들락거린다

감기도 아니고 왜 그래요

나 혼자 뭐 먹고 안 줬어요
죽 좋아하지 않는 그에게
"나 호박죽밖에 안 먹었다" 했다

시대 파악이 더뎌 헛기침 달고
끝까지 고집을 세우는 저 남자

존재 이유

한가위 보름 달빛 가슴에 걸어두고

창밖 당신 그려보는 존재 이유

주인공은 돌아가고
배불뚝이 돌절구 위로
하염없이 달빛 가득 흘러넘치는데

보름밤 깊어
쏴-아 댓잎 스치는 바람
옆집 마루 밑 얼룩 고양이 울음소리조차

성장통

이른 봄바람이 흘리고 간 보라색 제비꽃

가느다란 줄기 햇살 한 줌 세우고
그사이 성장통을 앓았는지
할머니 무덤가 납작 엎딘 꽃잎

너는 울고 싶어 피니
나는 피고 싶어 운다

제비꽃잎 납작 하늘을 이고 앉자
나를 키웠음을 알았다.

이든시인선 149

하룻밤의 춤

ⓒ 이형자, 2024

발행일	2024년 12월 12일
지은이	이형자
발행인	이영옥
펴 낸 곳	도서출판 이든북
출판등록	제2001-000003호
주　　소	대전광역시 동구 중앙로 193번길 73
전화번호	(042)222-2536	팩스(042)222-2530
전자우편	eden-book@daum.net
카　페	https://cafe.daum.net/eden-book
공 급 처	한국출판협동조합
	전화 (02)716-5616　(031)944-8234~6

ISBN 979-11-6701-323-1 (03810)
값 11,000원

* 이 책의 판권은 지은이와 이든북에 있습니다.
* 이 책 내용의 전부 또는 일부를 재사용하려면 반드시
  양측에 서면 동의를 받아야 합니다.

* 본 도서는 『한국예술인복지재단』의 후원으로 발간되었습니다.